ÍNDICE

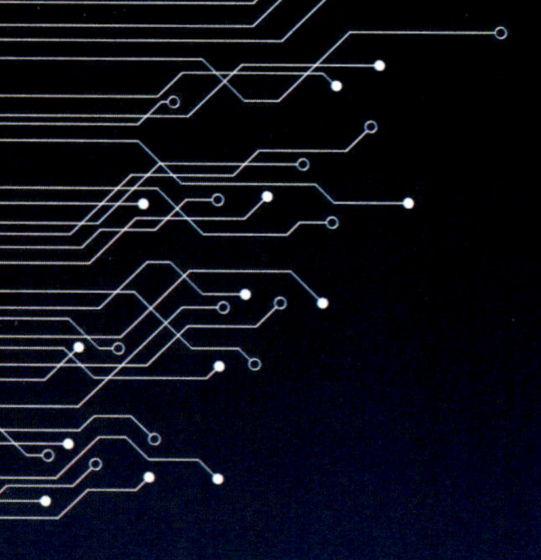

¿YA LLEGAMOS?

Mira el cielo. En un día despejado, es posible que veas líneas blancas y entrecruzadas, o **estelas de condensación**. Las estelas de condensación son producidas por los motores de los aviones, pero no son humo. Las estelas de condensación son pequeñas partículas de hielo.

Las primeras estelas de condensación aparecieron hace unos 110 años. Esto se debe a que antes no existían los aviones a motor. Imagínate viajar largas distancias cuando no existían los aviones. Viajar cientos o miles de millas a caballo o en una carreta podría tardar semanas o meses. ¿Cuántas veces preguntarías: «¿Ya llegamos?»?

{CAMBIÓ AL MUNDO}

LA INVENCIÓN DE LOS
VUELOS

Mike Downs

Traducción de Santiago Ochoa

ANTES Y DURANTE LAS ACTIVIDADES DE LECTURA

Antes de leer: *Construir los conocimientos previos y el vocabulario*

Los conocimientos previos pueden ayudar a los estudiantes a procesar nueva información y a basarse en lo que ya saben. Antes de leer un libro, es importante aprovechar lo que los estudiantes ya saben sobre el tema. Esto los ayudará a desarrollar su vocabulario y a aumentar su comprensión lectora.

Preguntas y actividades para reforzar los conocimientos previos:

1. Mira la portada del libro y lee el título. ¿De qué crees que tratará este libro?
2. ¿Qué sabes ya sobre este tema?
3. Recorre el libro y hojea las páginas. Mira el índice, las fotografías, los pies de foto y las palabras en negrita. ¿Te han dado estas características del texto alguna información o algún adelanto sobre lo que vas a leer en este libro?

Vocabulario: *El vocabulario es clave para la comprensión lectora*

Utilice las siguientes instrucciones para iniciar una conversación sobre cada palabra.

- Lee las palabras del vocabulario.
- ¿Qué se te viene a la mente cuando ves cada palabra?
- ¿Qué crees que significa cada palabra?

Palabras del vocabulario:

- aeronaves
- alas delta
- aviación
- correo aéreo
- estelas de condensación
- motores a reacción
- pesticidas
- portaaviones
- reconocimiento
- simuladores

Durante la lectura: *Leer para entender y comprender*

Para lograr una comprensión profunda de un libro, se anima a los estudiantes a utilizar estrategias de lectura detallada. Durante la lectura, es importante que los estudiantes hagan una pausa y creen conexiones. Estas conexiones dan lugar a un análisis y una comprensión más profundos del libro.

 ### Lectura detallada de un texto

Durante la lectura, pida a los estudiantes que hagan una pausa para hablar de los siguientes aspectos:

- Las partes confusas.
- Las palabras desconocidas.
- Las conexiones dentro del texto, entre el texto y uno mismo y entre el texto y el mundo.
- La idea principal de cada capítulo o título.

Anime a los estudiantes a utilizar pistas contextuales para determinar el significado de las palabras desconocidas. Estas estrategias ayudarán a los estudiantes a aprender a analizar el texto con más detenimiento mientras leen.

Cuando termine de leer este libro, vaya a la penúltima página, donde encontrará las **Preguntas relacionadas con el texto** y una **Actividad de extensión**.

Antes de que se inventara el avión a motor, muchas personas caminaban. Otras iban en bicicleta, a caballo o en carruajes, porque sólo unas pocas personas tenían auto. Para los viajes de larga distancia, la gente viajaba en trenes, y los barcos a vapor cruzaban los océanos. En esa época, volar era sólo un sueño.

VUELA COMO UN AVE

Algunas personas pensaban que la clave para volar era mover las alas, como hacen las aves. Pero las aves pesan menos que los humanos, y tienen alas que funcionan de una manera especial. Las personas necesitarían alas enormes para levantar su peso, y las alas gigantes serían demasiado pesadas para poder usarlas.

Muchos de los primeros inventores intentaron volar con movimientos de aleteo. Algunos se ataron alas a los brazos, mientras que otros fabricaron máquinas extrañas que aleteaban. Estos métodos no funcionaron.

Otto Lilienthal fue un inventor alemán que creó máquinas voladoras. Algunas de ellas tenían alas que se movían. Las probaba en una colina que construyó cerca de su casa.

LAS PRIMERAS MÁQUINAS AÉREAS

Los primeros vuelos exitosos ocurrieron cuando algunos inventores volaron colgados bajo enormes cometas. A estos vuelos les siguieron los vuelos de globos de aire caliente y de **alas delta**. Pero ninguno de estos aparatos podían ser dirigidos exactamente hacia donde los pilotos querían ir. Todos se veían afectados por la dirección en la que soplaba el viento.

Muchos inventores intentaron construir aviones impulsados por motores. La idea de un avión a motor es que pueda avanzar lo bastante rápido para que el aire que está arriba del ala lo empuje hacia abajo, mientras que el aire que hay debajo del ala lo empuja hacia arriba.

Esta diferencia crea propulsión, elevando al avión en el
aire. En 1903, Orville y Wilbur Wright fueron los primeros en
construir y en volar con éxito un avión a motor.

*El avión a motor de los hermanos
Wright despegó por primera vez el
17 de diciembre de 1903.*

Al principio, muchas personas no creían que los hermanos Wright hubieran volado. Algunas pensaban que construir un avión a motor era imposible. Otras creían que los hermanos Wright estaban mintiendo. Años después de su primer vuelo, la noticia comenzó a difundirse y todos quedaron asombrados.

En menos de 15 años, había aviones por todas partes. El primer vuelo oficial de **correo aéreo** se realizó en la India en 1911. El primer vuelo regular para pasajeros, en el que iba un solo pasajero, se realizó en los Estados Unidos en 1914.

Los aviones cambiaron la forma en que
se luchaba en las guerras, y jugaron un papel
importante en la Primera Guerra Mundial.
Fueron utilizados en labores de **reconocimiento**, para
ver qué hacía el enemigo. También fueron utilizados
como bombarderos y aviones
de caza.

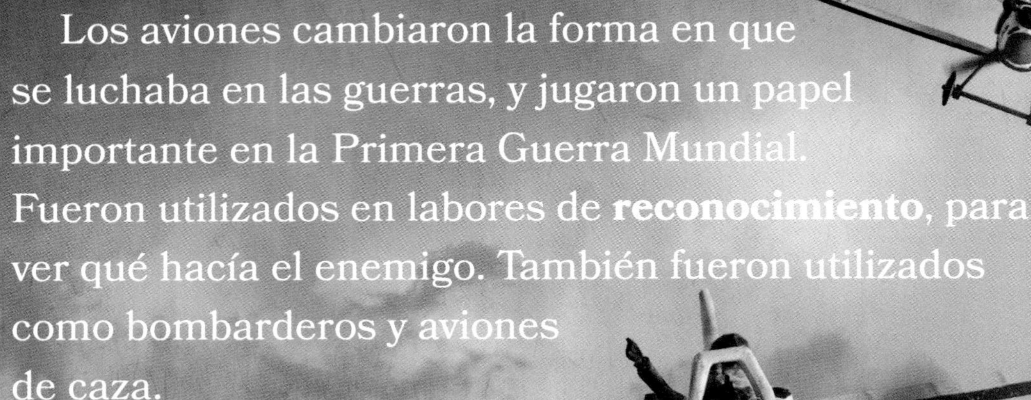

VALENTÍA EN EL CIELO

Bessie Coleman, piloto de acrobacias afroamericana y nativa americana, se hizo famosa en la década de 1920. En 1921, fue la primera mujer de estos orígenes en obtener una licencia de piloto. Tuvo una carrera increíble volando en espectáculos aéreos y era conocida como alguien que no se detenía ante nada para realizar una acrobacia o maniobra. Trabajó por la igualdad en los vuelos y en la educación hasta su muerte en un accidente aéreo en 1926.

Después de la Primera Guerra Mundial, se utilizaron aviones en los circos. Estos circos eran diferentes a esos en los que probablemente estés pensando. Algunos pilotos organizaban exhibiciones aéreas y ofrecían paseos en avión. A veces, ciudades enteras suspendían muchas actividades durante el día para que todos pudieran mirar. Muchos de sus habitantes nunca antes habían visto aviones.

Pero los primeros aviones no sólo fueron usados para entretener. También eran muy útiles para los agricultores cuando los pilotos cargaban **pesticidas** en sus aviones y sobrevolaban los campos. Rociaban los cultivos con sustancias para matar insectos, y por eso los llamaron *fumigadores*.

MÁS GRANDES, MEJORES Y MÁS RÁPIDOS

Los gobiernos empezaron a utilizar más aviones militares, pero la mayoría de los aviones no podían volar muy lejos. Para superar este problema, se inventaron barcos que podían transportar **aeronaves**. Un gobierno que tuviera **portaaviones** podría enviar aviones a todo el mundo. El primer portaaviones se construyó en Japón en 1922.

Los aviones tuvieron un papel muy importante en la Segunda Guerra Mundial. Japón los utilizó para atacar Pearl Harbor. Alemania y los Aliados lucharon entre sí con aviones bombarderos y aviones de combate.

Después de la Segunda Guerra Mundial, los aviones se hicieron más grandes y más rápidos. Se inventaron y mejoraron los aviones con **motores a reacción**, al igual que los aviones de pasajeros, que podían transportar a cientos de personas. Los países construyeron grandes aeropuertos porque querían que los aviones transportaran a viajeros que gastarían dinero en sus países. El uso de aviones impulsó negocios en todo el mundo.

AVIONES ENORMES

Muchos *jets* grandes pueden transportar más de 300 pasajeros. En condiciones normales, el Airbus A380 puede transportar unos 550 pasajeros. Pero puede adaptarse para transportar a más de 850 personas. ¡Eso es suficiente para formar un pueblo pequeño!

AVIACIÓN EN TODAS PARTES

Los aviones de pasajeros permitieron a las personas volar a lugares con los que sólo habían soñado. Los motores a reacción hacen que los aviones vuelen utilizando combustible quemado para hacer girar una rueda a altas velocidades, empujando el avión hacia adelante. Los aviones con estos motores podían llegar a cualquier parte del mundo en menos de dos días. Las personas podían ver volcanes en Hawái, hacer safaris en África y visitar castillos en Europa o templos en Japón.

También los paquetes eran transportados más rápido en avión. En lugar de tardar semanas, los paquetes llegaban en pocos días. Después, las empresas de entrega de paquetes pudieron desarrollar sistemas para entregar paquetes de un día al otro.

Los aviones Concorde vuelan más rápido que la velocidad del sonido.

Poco después, los helicópteros
se unieron a la revolución de la **aviación**.
Los helicópteros grúa podían levantar cargas
enormes para proyectos de construcción.
La policía comenzó a usar helicópteros
para perseguir a sospechosos. Se usaron
helicópteros de rescate para sacar a personas
de barcos hundidos o que estaban atrapadas
en cimas de montañas o en inundaciones.

Los aviones podían ser usados para
apagar incendios forestales ya que los pilotos
aprendieron a volar por encima y a arrojar
retardantes de fuego. Los pilotos también
comenzaron a volar aviones que transportaban
bomberos. Los bomberos, llamados
paracaidistas de humo, podían lanzarse en
paracaídas y aterrizar cerca del incendio.

Un helicóptero arroja agua sobre un bosque.
Una carga pesada, a la derecha, es levantada
por un helicóptero.

El desarrollo de la aviación introdujo nuevas profesiones sorprendentes. Pilotos, mecánicos de aviones, paracaidistas, controladores de tráfico aéreo, asistentes de vuelo y astronautas son sólo algunas de ellas. ¿Qué trabajo de aviación te gustaría tener?

EL FUTURO

Los aviones están cambiando todos los días y tienen más computadoras y otras tecnologías. Algunos aviones nuevos tienen cabinas de vidrio. Esto permite que múltiples pantallas de cristal líquido (LCD, por sus siglas en inglés) brinden a los pilotos información vital.

A medida que los nuevos aviones se vuelven más grandes y es más costoso volarlos, el entrenamiento también se hace más caro. Las aerolíneas utilizan **simuladores** para ahorrar dinero. Los simuladores de aerolíneas tienen controles que son exactamente como los de un avión real. Después del entrenamiento en el simulador, un piloto puede volar un avión real de forma segura al primer intento.

Es posible utilizar simuladores de helicópteros para la formación de pilotos.

EL ÉXITO DEL SIMULADOR

El uso de simuladores ayuda a los pilotos a aprender más rápido y a ser mejores pilotos de aviones. Con computadoras especiales, los pilotos pueden practicar giros, aterrizajes, despegues e incluso el rescate de un avión ante un peligro inesperado. Todo esto se hace sin poner en riesgo a nadie. ¡Algunas personas incluso usan simuladores en su propia casa para aprender a volar!

Muchas personas pilotean aviones pequeños.
Algunos vuelan aviones pequeños a motor, mientras
que otros vuelan planeadores, alas delta o paracaídas
a motor. Algunos voladores valientes saltan de aviones
usando trajes aéreos que les permiten volar como si
fueran ardillas voladoras.

EL *JET* HUMANO

Yves Rossy se pone alas y motores a reacción. Vuela como un avión. Incluso ha volado en formación con el enorme avión de pasajeros Airbus A380.

Hay aviones que vuelan sin pilotos. Estos aviones, llamados drones, están haciendo muchos trabajos. Algunos drones pueden ser controlados a miles de millas de distancia. Pueden usarse para espiar, monitorear el clima o disparar armas. Muchos son usados para tomar fotografías o hacer videos.

La aviación ha mejorado viajes, tecnologías y entretenimiento. Pero no hay duda de que los nuevos avances en materia de vuelos seguirán cambiando el mundo. Nuestra próxima generación creará inventos increíbles, ¡tal vez tú podrías ser parte de ello!

GLOSARIO

aeronaves: Aviones, helicópteros, planeadores u otras máquinas que pueden volar.

alas delta: Máquinas voladoras que funcionan como una cometa grande y permiten a una persona volar colgándose debajo.

aviación: Práctica y ciencia de construir y volar aviones.

correo aéreo: Servicio que entrega cartas y paquetes transportados por avión.

estelas de condensación: Rayas de partículas de hielo creadas por el vapor de agua en los gases de escape de los motores a reacción.

motores a reacción: Motores impulsados por corrientes de gases producidas al quemar combustible y aire dentro del motor.

pesticidas: Venenos utilizados para matar insectos.

portaaviones: Barcos con grandes cubiertas que se utilizan para el aterrizaje y despegue de aviones.

reconocimiento: En este caso, observar a los enemigos para ver qué están haciendo.

simuladores: Máquinas o programas informáticos utilizados para entrenar personas en procedimientos normales y de emergencia.

ÍNDICE ANALÍTICO

PREGUNTAS RELACIONADAS CON EL TEXTO

1. ¿Cómo cambiaron los aviones de pasajeros la vida de las personas?
2. ¿Por qué los aviones son tan importantes en el campo militar?
3. ¿Cuáles fueron algunas de las primeras máquinas voladoras?
4. ¿Qué importancia tiene hoy en día la tecnología en los vuelos?
5. ¿Por qué fracasaron los primeros métodos de vuelo humano con «aleteo»?

ACTIVIDAD DE EXTENSIÓN

Haz una lista de actividades y profesiones relacionadas con la aviación. Clasifícalas de menos a más peligrosas. Decide qué cosas te gustaría hacer. ¿Por qué esas actividades y profesiones te interesan más?

SOBRE EL AUTOR

¡A Mike Downs le encanta volar! Ha volado aviones de combate, aviones de pasajeros, alas delta y aviones de remolque. Los trajes aéreos son los siguientes en su lista. También le encanta escribir para niños. Cuando no está viviendo una aventura, está ocupado escribiendo libros.

www.rourkebooks.com

PHOTO CREDIT: Cover: ©Nastco, © Senior Airman Gracie Lee; pages 4-5: ©Ramiro Marquez Photos; page 6a: ©Vladis Chern; page 6b: ©Kenneth Canning; page 7: ©KellyNelson; page 8: ©Wiki; page 9: ©hyside; page 10-11, 12-13: ©LOC; page 12: ©peterspiro; page 14: ©Keith Tarrier; page 14b: ©Everett Collection/Newscom; page 15: ©Andy_Oxley; page 16: ©Shtrunts; page 17: ©CrackerClips; page 18: ©Everett Historical; page 19: ©Cylonphoto; page 20: ©jpgfactory; page 20a: ©np_limit_photos; page 21: ©Stockcam; page 22: ©Shaunl; page 23: ©Kemter; page 24: ©NASA; page 25: ©Kiwis; page 26: ©Sushitskey Sergey; page 27: ©SindreEspejord; page 27b: ©ueuaphoto; page 28: ©SipaUSA/Newscom

Edición de: Tracie Santos
Diseño de los interiores y la portada de: Kathy Walsh
Traducción al español: Santiago Ochoa
Edición en español: Base Tres

Library of Congress PCN Data

La invención de los vuelos / Mike Downs
(Cambió al mundo)
ISBN 978-1-73165-875-3 (hard cover)
ISBN 978-1-73165-874-6 (soft cover)
ISBN 978-1-73165-876-0 (e-Book)
ISBN 978-1-73165-877-7 (ePub)
Library of Congress Control Number: 2024947723
Rourke Educational Media
Printed in the USA
01-0342511937